Inhalt

Duale Unternehmensverfassung auf dem Prüfstand - Aufsichtsräte sollen ihren Pflichten besser gerecht werden

Kernthesen

Beitrag

Fallbeispiele

Weiterführende Literatur

Impressum

Duale Unternehmensverfassun auf dem Prüfstand - Aufsichtsräte sollen ihren Pflichten besser gerecht werden

R.Reuter

Kernthesen

- Die Finanzkrise ist auch die Folge eines breitflächigen Versagens der Aufsichtsratsgremien - wie etwa im Falle der Hypo Real Estate.
- Die Aufsichtsräte kamen ihren Kontrollpflichten nicht nach und beriefen

sich später darauf, von nichts gewusst zu heben.
- Die Bundesanstalt für Finanzdienstleistungsaufsicht (BaFin) darf nun infolge neuer Gesetze prüfen, ob berufene Aufsichtsräte für ihre Aufgaben die notwendige Sachkunde mitbringen. Überdies können sie dazu verpflichtet werden, sich weiterzubilden.

Beitrag

Aufsichtsräte in der Kritik

Das in Deutschland etablierte System der Unternehmensführung hat in der Finanzkrise schwere Mängel offenbart. Viele Jahrzehnte lang war die duale Unternehmensverfassung aus Vorstand und Aufsichtsrat als überlegenes System gefeiert worden. Die Fälle IKB, Hypo Real Estate und das Missmanagement bei den Landesbanken zeigen nun, dass viele Aufsichtsräte ihre Kontrollfunktion gar nicht wahrgenommen haben. Stattdessen wurden Vorstandsentscheidungen offenkundig nicht geprüft, sondern, wie es ironisch beschrieben wird, bei Sekt und Schnittchen abgenickt. Die angeblichen Vorteile gegenüber dem angelsächsischen Boardsystem haben sich damit in Luft aufgelöst. (1)

Fehlende Kompetenz, fehlender Mut?

Die Aufsichtsräte deutscher Unternehmen gelten prinzipiell als qualifiziert und erfahren. Geeignet für ihre Posten sind sie aber dennoch häufig nicht, da es ihnen an spezifischen Kenntnissen fehlt, die zur Kontrolle des Unternehmens nötig wären. So sind die Mitglieder der Kontrollgremien mit den Themen Aktienrecht, Kapitalmarkt und Rechnungslegung wie auch mit dem Markt und dem Geschäftsmodell des von ihnen zu kontrollierenden Unternehmens häufig gar nicht vertraut.

Diese fehlende Kompetenz scheint in der Vergangenheit dazu geführt zu haben, dass sich Aufsichtsräte in die Entscheidungen der Vorstände gar nicht eingemischt haben. Ein Grund dafür könnte die Befürchtung sein, durch Nachfragen Unwissenheit preis zu geben. Die Folge dieser Mutlosigkeit war, dass selbst von hochkarätigen Aufsichtsräten kontrollierte Unternehmen sehenden Auges in die Katastrophe schlitterten. Dies belegt derzeit die juristische Aufarbeitung des Falles IKB, die deutlich aufzeigt, wie sträflich die Aufsichtsräte ihre Pflichten vernachlässigt haben. Genauso passiv verhielten sich die Kontrolleure bei der Hypo Real Estate. (1)

Versagen in allen Bereichen

Wie gering der Einfluss der Kontrolleure war, zeigt sich auch an den selbst eingeräumten Gehältern der Vorstände. Nicht einmal hier schritten die Aufsichtsräte ein, obwohl die Selbstbedienungsmentalität drastische Ausmaße annahm - zum Schaden der Unternehmen, die durch den Aufsichtsrat vor Schaden eigentlich bewahrt werden sollen. Die Kontrolleure müssen sich heute sagen lassen, dass sie der Gier der Manager insoweit Vorschub leisteten, als sie sich zu einem kraftvollen Entgegentreten nicht aufraffen konnten - oder wollten. (1)

Seminarangebote für Kontrolleure

Die Weiterbildungsbranche hat auf die offenkundigen Defizite der Aufsichtsräte reagiert und bietet zunehmend maßgeschneiderte Weiterbildungsprogramme an. Betont wird dabei jedoch, dass Aufsichtsrat weiterhin kein Ausbildungsberuf sein kann. Trotz häufig großer Erfahrung aus Leitungsfunktionen fehle es den Räten jedoch oft an spezifischem Überwachungswissen. (2), (5)

BaFin schickt Aufsichtsräte zum Nachsitzen

Die Bundesanstalt für Finanzdienstleistungsaufsicht (BaFin) will darauf achten, dass Aufsichtsräte ihren Aufgaben zumindest fachlich besser gerecht werden können. Seit gut einem Jahr hat die Aufsichtsbehörde gesetzliche Kontrollrechte über die geschätzt 20 000 Aufsichts- und Verwaltungsräte aller Geldhäuser in Deutschland und kann darum Weiterbildungsmaßnahmen verfügen. Zudem müssen Kontrolleure, die neu in ein Gremium berufen werden, bei der BaFin ihre Eignung nachweisen. Verlangt werden dafür ein Lebenslauf und Belege für die erforderliche Sachkunde. Die neue Gesetzeslage macht es überdies möglich, ungeeignete Räte aus ihren Posten zu entfernen. Sogar ein Tätigkeitsverbot kann ausgesprochen werden. (3)

Abberufungsverfahren sind im Gange

Wie ernst die BaFin ihre neuen Kompetenzen nimmt,

zeigt die aktuelle Situation. Derzeit laufen zehn Abberufungsverfahren gegen Aufsichtsräte von Banken und Sparkassen. In einem der Fälle, so die BaFin, habe ein Aufsichtsrat von der Bank einen Kredit erhalten, den er nicht mehr bedienen könne. Die Mitgliedschaft im Aufsichtsrat sei damit unmöglich, da der Kontrolleur gegenüber der von ihm zu kontrollierenden Bank nicht mehr unabhängig ist. In sechs anderen Fällen verlangt die BaFin eine Abberufung von Bankaufsichtsräten, weil sie unzuverlässig seien. In drei Fällen sei die zulässige Höchstzahl von fünf Aufsichtsratsmandaten überschritten worden. (4)

Wirtschaftsprüfer sollen Aufsichtsräte kontrollieren

Auch die Wirtschaftsprüfer sind angehalten, den Aufsichtsräten jetzt genauer auf die Finger zu sehen. Die BaFin hat dafür eine Reihe von Banken aufgefordert, den Fokus der Wirtschaftsprüfer auf die Kontrollgremien zu lenken. Geprüft werden soll auch, ob die Räte vom Vorstand ausreichend mit Informationen versorgt werden. Der von den Kontrolleuren während der Finanzkrise oft gebrauchten Ausrede, von nichts gewusst zu haben, soll damit zukünftig der Wind aus den Segeln genommen werden. (3)

Trends

Weniger Altersbezüge für Manager

Das seit August letzten Jahres geltende Gesetz zur Angemessenheit der Vorstandsvergütung (VorstAG) macht die Bezahlung von Spitzenmanagern transparenter. Das gleiche gilt für die Pensionen, die scheidenden Managern in der Vergangenheit oft in völlig überzogenen Höhen gewährt wurden. Eine weitere Folge des Gesetzes ist, dass immer mehr Unternehmen auf ein beitragsfinanziertes System umstellen. Exorbitante Pensionszahlungen, denen in der Vergangenheit häufig nur marginale Leistungen für das Unternehmen gegenüber standen, sind damit vorbei. Auch bei den Vorständen hängt der Rentenanspruch hierdurch von der geleisteten Einzahlungshöhe ab. Schwergewichte wie BASF oder Thyssen-Krupp bleiben indessen dem alten System bisher noch treu, da sie damit nach eigener Aussage gute Erfahrungen gemacht haben wollen. Doch auch auf diese Unternehmen wächst der Druck, die Pensionsleistungen herunterzuschrauben: Durchschnittlich kosteten die Pensionen der Ex-Vorstände jeden der 30 Dax-Konzerne im

Geschäftsjahr 2009 sieben Millionen Euro& (7)

Fallbeispiele

Frauenquote in Norwegen

Börsennotierte Unternehmen in Norwegen müssen ihre Aufsichtsgremien zu 40 Prozent mit Frauen besetzen. Die Folgen bei Nichteinhaltung der Regel sind drastisch: Solchen Unternehmen droht die Schließung. In Deutschland ist es die Telekom, die den Frauenanteil unter den Kontrolleuren deutlich aufstocken will. Bis Ende 2015 sollen 30 Prozent der Führungspositionen in dem Unternehmen mit Frauen besetzt sein. (6)

Porsche-Aufsichtsräte im Visier der Staatsanwälte

Die Finanzgeschäfte des früheren Porsche-Chefs Wendelin Wiedeking und des ehemaligen Finanzvorstands Holger Härter haben ein juristisches Nachspiel. Derzeit wird geprüft, ob Manipulationen des Aktienkurses stattgefunden haben. Ein New Yorker Gericht will bis zum Spätherbst entscheiden, ob Investmentfonds, die viel Geld beim Zocken mit VW-Aktien verloren haben, in Amerika gegen Porsche klagen können. In die Kritik sind im Zuge der Ermittlungen auch die Aufsichtsräte von Porsche geraten. Ihnen wird zur Last gelegt, die Pflicht gehabt zu haben, das Risiko der komplexen Finanzgeschäfte genau zu prüfen. Stattdessen hätten die Kontrolleure Wiedekings Abgang sogar noch mit einem goldenen Handschlag versüßt. (8)

Weiterführende Literatur

(1) Das Versagen der Aufsichtsräte
aus Börsen-Zeitung, 12.06.2010, Nummer 110, Seite 8

(2) Wie lernt man zu überwachen? Aufsichtsrat werden: Erfahrung ist ein Muss
aus Der Tagesspiegel Nr. 20728 VOM 05.09.2010 SEITE K02

(3) Bank-Aufsichtsräte müssen nachsitzen Finanzaufsicht BaFin fordert Kontrolleure zu regelmäßigen Fortbildungen auf · Auftrag an Wirtschaftsprüfer
aus Financial Times Deutschland vom 31.08.2010, Seite 16

(4) Und raus bist du
aus Süddeutsche Zeitung, 01.09.2010, Ausgabe Bayern, Deutschland, S. 24

(5) Aufsichtsrat: jung, kritisch, versiert
aus Handelsblatt Nr. 165 vom 27.08.2010 Seite 54

(6) In Norwegen sind 40 Prozent der Aufsichtsräte weiblich
aus Hamburger Abendblatt, 14.08.2010, Nr. 188, S. 59

(7) Neue Pensionsregeln Vorstände verlieren ihre goldene Hängematte
aus HANDELSBLATT online 03.09.2010 17:02:04

(8) Viel Arbeit für Anwälte Kommentar
aus Stuttgarter Zeitung, 05.08.2010, S. 11

Impressum

Duale Unternehmensverfassung auf dem Prüfstand - Aufsichtsräte sollen ihren Pflichten besser gerecht werden

Bibliografische Information der deutschen Nationalbibliothek

Die Deutsche Nationalbibliothek verzeichnet diese Publikation in der deutschen Nationalbibliografie; detaillierte bibliografische Daten sind im Internet über http://dnb.d-nb.de abrufbar.

ISBN: 978-3-7379-0237-3

© 2015 GBI-Genios Deutsche Wirtschaftsdatenbank GmbH, Freischützstraße 96, 81927 München, www.genios.de

Alle Rechte vorbehalten. Dieses Werk ist einschließlich aller seiner Teile – z.B. Texte, Tabellen und Grafiken - urheberrechtlich geschützt. Jede Verwertung außerhalb der Grenzen des Urheberrechtsgesetzes bedarf der vorherigen Zustimmung des Verlags. Dies gilt insbesondere auch für auszugsweise Nachdrucke, fotomechanische Vervielfältigungen (Fotokopie/Mikroskopie), Übersetzungen, Auswertungen durch Datenbanken oder ähnliche Einrichtungen und die Einspeicherung und Verarbeitung in elektronischen Systemen.